AF245705

L'ARGUS NOUVEAU,

OU

LE VOILE DE CROMWEL

MIS EN LAMBEAUX.

Quò usque abuteris patientia nostra.

A BERLIN,

DE L'IMPRIMERIE ROYALE.

An 1800.

Si dormit Vigilo.

L'ARGUS NOUVEAU,

OU

LE VOILE DE CROMWEL

MIS EN LAMBEAUX.

***

Une vaine ambition t'a poussé jusqu'au trône; à force de vouloir paraître grand, tu ruine ta propre grandeur, tu t'éloigne bien fort de ce vers,

Corpore parvus erat magnus Alexander.

et, semblable au papillon qui voltige autour de la lumière, tu te brûle les aîles et tu retombes dans la fange dont tu es sorti.

Hâte-toi de réparer tes fautes, suspends tes grands ouvrages, renonces à ce faste, qui n'est dû qu'à celui qui met sa gloire à faire des heureux; laisse en paix respirer le peuple, et, par un louable retour sur toi-même, redeviens ce que tu fus avant que la soif de l'or et des grandeurs eût gangrenné ton cœur.

Jusqu'à ce moment j'ai conservé la douce espérance, que, comme sujet fidèle, tu n'avais pris les rênes du gouvernement que pour chasser des brigands qui s'étaient partagés la France , et que tu voulais les remettre entre les mains de ton maître ; mais où m'égarait ma faible croyance : je voyais en toi un guerrier distingué, je n'y vois plus qu'un lâche, qu'un ambitieux , qu'un usurpateur : souffres donc un conseil que te dicte la Vérité, et trembles si tu ne l'exécutes.

Ami de la paix, du bonheur de mes semblables , et fatigué comme eux des mouvemens révolutionnaires et des factions qui se succèdent , je t'adresse les réflexions d'un homme sage ; puisse tu lire dans son cœur, tu y puiseras le bonheur général , et tu le rendras heureux par la seule idée que son avis te porteras au bien.

Rappelle-toi que la fortune se joue de tous les hommes, que, lorsqu'une fois elle se lasse de nous accorder ses faveurs, la misère est tout ce qui nous reste. Pour toi, l'opprobre et le mépris seront tes plus douces espérances, et, comme un second Néron, tu ne trouveras point d'asyle.

Ambitieux et vain, tu te berce des promesses du roi de Prusse, tu donne à tête baissée dans ses vastes projets ; pauvre jeune homme ! tu n'en es que l'instrument, et, parvenu à ce qu'il desire, il lancera sur toi cette main vengeresse qui le porte contre l'Empire; il veut par sa force, et, s'aidant de la tienne, détrôner le neveu de Marie-Antoinette; ce n'est que sur tes promesses qu'il a protégé ton passage, et tu as préféré ton existence à la gloire de rentrer triomphant avec ton armée, sans songer que tu sacrifiais cent mille français. Mais où te conduit ton étoile, et où pense-tu en venir; jusques à quand tes yeux seront-ils fermés à la vérité; te les aurait-on fascinés par des espérances trompeuses? Au nom d'un peuple malheureux, au nom de l'immuable sagesse, au nom de cette vertu qui fait le bonheur des États, rentre dans ta glorieuse carrière, et, comme un phénomène divin fais-toi admirer de toute la France et de ses ennemis.

Plus sage que toi, Sieyès, t'a laissé la couronne; suis comme lui, de loin, les vicissitudes révolutionnaires, et ne vas pas en jeune étourdi, heurter de front l'opinion générale. Connais-tu les desirs d'un roi? sais-tu apprécier les français! et te crois-tu capable de commander à tout un peuple? Avant de t'exposer à son indignation, écoute :

Ce n'est sans doute pas pour passer dans

l'oisiveté et la molesse une vie douce et agréable ; car apprends qu'un roi ne peut , sans se déshonorer, préférer cette vie aux fonctions paisibles du gouvernement ; un roi se doit à tous les hommes qu'il gouverne , et il ne lui est pas permis d'être à soi-même ; ses moindres fautes sont graves , parce qu'elles causent le malheur de son peuple et souvent de la postérité : il doit réprimer l'audace des méchans , soutenir l'innocence ; ce n'est pas assez qu'il ne fasse aucun mal, il faut qu'il fasse tout le bien possible , et qu'il empêche tous les maux ; crains donc , ô Bonaparte, crains un avenir si dangereux ; arme toi contre tes passions, éloigne de toi les flatteurs qui ne cherchent que ta perte , reprends ton bouclier et tes armes , et ton désintéressement te sera plus favorable que l'ambition qu'on a fait naître en toi ; protége , par la force, l'innocence opprimée ; rends à ton auguste maître les titres qui lui sont dus. Puissent mes conseils te rendre à la vertu et à ta propre estime. — Et vous rois à jamais adorés, qui depuis si long-tems commandez à des peuples innombrables et vertueux, sortez de cet abattement qui vous conduit à votre perte ; ne souffrez pas, comme la France, qu'une poignée de cieophantes suscite dans vos climats une révolte criminelle ; agissez et pour vous et pour un peuple qui chérira votre grandeur, et qui mépriserait votre faiblesse si vous ne vous montriez tout à la fois grands et justes.

Que ne m'est-il permis de ramasser la triste dépouille de votre auguste frère ! Vous y liriez, sur chaque lambeau, le mot VENGEANCE! et vous ne pourriez , sans vous trouver coupables, rester plus long-tems tranquilles spectateurs de crimes pareils. Celui qui maintenant est assis sur le trône a rompu toutes les barrières de l'honneur et de la vertu : il ne rétablira jamais la confiance que ses succès militaires lui avaient obtenus. Que craignez vous, n'avez vous pas assez de courage pour vaincre ? Votre vertu, jointe aux forces de tout un peuple, ne vous suffit-elle pas ? Combattez, mourrez, s'il le faut, plutôt que de voir le trône de vos pères envahi par un tyran.

Et vous Français ! ne voyez vous pas peser sur vos têtes cet enchaînement de crimes, suite nécessaire à ce reptile, qui, pour régner, ne le peut que par des crimes ; au lieu de paix, vous n'aurez que la guerre ; et quelle guerre grands dieux ! une guerre sanglante. La sagesse, la vertu ne seront plus en usage, tout ne sera qu'assassinats et carnage; vous en ressentirez les funestes effets; mais vous l'aurez mérité, puisque vous aurez autorisé sa coupable ambition. Oui autorisé, puisque vous ne vous êtes point opposés à son audace; et que, trop insoucians vous vous serez forgé des fers, et muselé de bonne grace.

A peine sa course vagabonde était connue des rois alliés, que Bonaparte Ier., alors très-petit général, fut, pour un homme de sa trempe, estimé de toute la France. Sous la protection du Directeur Barras, par son embition naissante, il vainquit par la force, et, s'étayant de ses victoires, il ensanglanta l'Italie, il la pilla de son propre gré, sans que les Représentans d'une nation, *soi - disant libre*, n'aient su réclamer, contre lui, le droit des gens ; et lui, par une inconcevable cruauté, porta le fer et la flamme dans toutes les contrées; il usait de rapines, et, sacrifiant toute une nation à la vociération de ses satellites, il sut acquérir l'estime des lâches qu'il dominait; de - là vint cet enthousiasme pour un homme qui passait pour le vainqueur de l'Italie, pour le protecteur des malheureux, pour le père du soldat.

C'était lui qui soutenait la France dans son juste équilibre; c'était ce héros fameux qui devait donner la paix à toute l'Europe; c'était lui, oh! oui, c'était lui qui devait nous commander un jour en maître; l'expérience ne nous prouve que trop sa perfidie; puisse - t - elle le conduire au terme qu'il mérite! puisse-t-elle le mettre au rang suprême!

Sed frater, cave ne cadas.

Et toi frère de Louis XVI, toi que ton peuple attends, viens faire ses délices; la terre entière, loin de se défendre contre ta puissance viendra à tes pieds te prier de régner sur elle; lassée, et poussée à bout, par ses tyrans sanguinaires, elle ne voit plus en toi que son bienfaiteur et son roi; ne crains pas de répandre à propos le sang de ces lâches Vendales; ce n'est que par lui que tu épargneras d'en répandre beaucoup. Souviens-toi que le pays où la domination du souverain est la plus dure, les peuples en sont plus heureux, parce qu'ils sont moins sujets à la révolte; mais souviens-toi aussi qu'un roi qui n'est pas roi par lui-même, s'anéantit peu à peu et détruit sa puissance. Rappelle-toi bien qu'un roi, qui, dans sa vaine opulence, ne trouve pas un homme assez hardi, assez franc, pour lui dire la vérité, ne trouvera personne dans son malheur qui veuille le défendre contre ses ennemis.

B

A Dieu ne plaise que l'amour - propre me pousse à te donner des conseils, l'estime, l'amour et le respect, la crainte pour de nouveaux forfaits contre ta personne sacrée, doivent me servir de garant auprès de toi. Les bons français, tous ceux qui sont restés fidèles à la couronne, te parlent par ma bouche, puissé-je un jour te voir sur le trône de ton frère, tu verrais ces mêmes français jouir de ton triomphe et mourir heureux, en chantant, de bon cœur, le *Domine salvum fac regem.*

TRAITS DE TYRANNIE.

PEUT-ON, sans blesser non-seulement la délicatesse, mais encore les droits du peuple et de l'humanité, se porter roi; je dis plus, tyran, et agir d'une pareille audace, en arrêtant de son plein gré, que tout mécontent qui ne rendra pas les armes, sera fusillé, et que tout habitant du pays chouanné sera passé au fil de l'épée, s'il donne asyle à un révolté. Ah ! je le crois, c'est un acte de la providence, ses premiers pas le conduisent au crime; Dieu seul en prendra vengeance. Que n'a-t-il arrêté plutôt que tous les mécontens de France seraient punis de mort: il serait peut-être satisfait, il règnerait sur des cadavres; le monstre a bien osé monter sur le trépied ensanglanté et encore fumant, et il n'a pas frémi. Mais nous ne le connaissons que trop , son cœur est endurci par le crime, ses mains sont encore teintes du sang qu'il a fait répandre le 13 vendémiaire ! l'Italie en cendre ! O funeste perspective que nous prépare-tu ? et quelle destinée devons nous attendre ?

Celui que l'ambition fait agir, celui que l'audace conduit, n'est pas sujet aux remords; où il n'y a pas de vertu , c'est-là que réside le crime. Pauvre patrie ! pauvre Français ! vous avez assassiné Louis XVI, vous avez enfanté un Cromwel; et, plus tyran que lui, s'il vous laisse la vie, c'est pour que vous souffriez davantage.

Mais, prends-y garde , Bonaparte, il sera, malgré toi, un tems pour les remords ! comme frappé d'un coup de foudre tu ne pourras te supporter toi-même , ton courage se changera en désespoir, l'examen de ton cœur, ennemi des hommes et de toi-même deviendra ton supplice, une révolution se fera dans tout ton être qui boulversera ton existence; ta conscience, dont le témoignage te sera affreux, te reprochera légalement tes crimes et tes principes ; tu seras troublé, consterné, plein de honte et de remords ; ton cœur dévoré par la crainte ; tes yeux, ne pouvant plus soutenir la lumière, ne pourront plus te cacher à toi-même, tu te feras horreur ; par-tout le rayon de la vérité, de cette vérité qui tient à la vertu, nous vengeront de ta personne ; tout ce que tu as aimé, tout ce que tu as le plus idolâtré, tes grandeurs enfin, seront la source de tes maux ; que ne puis-je te présenter le miroir où tu pourrais appercevoir tes vices ; c'est-là que tu verrais ta vanité grossière, ton ambition usurpatrice, ta dûreté pour tes semblables, ton insensibilité pour la vertu, ton inclination pour les flatteurs ; enfin ta cruauté, qui trouve chaque jour des délices dans les larmes des malheureux que tu fais.

Verras-tu d'un œil serein cette mère éplorée qui te demande ce que tu as fait de son mari et de son fils ? quelle contenance tiendras-tu, quand une fille te demandera son père que tu as sacrifié à ta vaine gloire ? que répondras-tu à ceux qui t'accableront de reproches, qui te demanderont pourquoi tu t'étais élevés d'un vol rapide au-dessus des autres hommes ; comment as-tu été assez insensé pour te croire capable d'être leur chef? Se peut-il que tu ne te sois pas rappelé que tu sortais d'une race comune , et que tu ne pouvais t'élever que par des crimes ; mais tu as raison, tu ne t'es pas rappelé que tu étais homme, tu as montré que tu étais un monstre sans humanité ! De grace, dis-moi, que sont devenus ces flatteurs qui t'entouraient, où sont tes forces?heureusement pour nous,tu ne peux plus faire aucun mal ; te voilà devenu esclave de tes esclaves ; le crime a bien de la force un certain tems, mais à la fin il succombe !

Ce César de la Prusse qui a gardé si long-tems une neutralité coupable, t'endort et te berce; il connaît ton cœur et tes vices, et, te prenant par ton sensible, il te promet une alliance royale; aussi traître que rusé, il n'a pas voulu servir l'Autriche; qu'il tremble pour ses États, Louis XVIII, fort de son peuple et de son frère, saura vous conduire tous deux où vous méritez d'être; quoique tes précautions soient prises, et quoique tu comptes sur ta troupe, on saura leur dessiller les yeux. Ce n'est pas pour te placer sur le trône qu'ils se sont battus pendant dix ans. Ils veulent un roi ; mais un roi légitime, un roi qui leur donne la paix : fatigués depuis long-tems de souffrir, ils n'aspirent qu'à le placer sur le trône.

Dans le désespoir où ils sont de n'avoir servi qu'un traître, ils appellent à leurs secours toutes les furies de la vengeance contre celui qui les a trompés, ils te voient dans toute l'énormité de ton crime, et comme un spectre hideux, ils desirent déjà de te poursuivre et de t'abattre. Crois-tu que ce même roi qui te flatte et qui te donne de si belles espérances sera un jour plus tranquille que toi; non, ne le pense pas, il n'est pas un moment de bonheur pour les traîtres; je veux le voir appeler contre lui une mort qui terminera son affreuse carrière, elle ne viendra pas; envain demandera-t-il aux abîmes de l'engloutir, les rayons de la vérité ne pourront le dérober à lui-même; tous les rois de la terre se ligueront contre lui, et leur présence lui feront souffrir mille mort; leur vue lui déchirera les entrailles, il n'aura aucun appui, pas un seul moment de repos, il ne vivra plus que par sa rage; alors vous vous regarderez tous deux, et, vous déchirant par lambeaux, vous infecterez la terre qui recevra le reste de vos dépouilles.

Avant de pousser plus loin ta carrière, lis,

médites et frémis ; je n'ai jusqu'ici voulu te présenter que le remords de ta propre conscience, ouvre les yeux sur celle de tout un peuple que tu auras opprimé, des rois que tu auras trompé ; cherche maintenant , si tu peux , ta consolation dans ton propre cœur !

C'est avec douleur que je me vois contrains à te dire des choses aussi dures ; mais puis-je trahir ma conscience , puis-je tromper mes semblables ; non , toutes les fois qu'un vil intrigant comme toi se montrera tel , je le dévoilerai à toute la terre , dussent les proscriptions me conduire à l'échaffaud , la mort , mille morts ne m'empêcheront point de dire la vérité ; ce n'est pas que je ne croie bien que la vérité te blesse assez, sans y ajouter des termes aussi forts ; mais je le fais , et pour cause : puissé-je assez éclairer tous les hommes sur tes forfaits, pour qu'à ma seule lecture , ils puissent te juger comme tu mérites.

Si les français , spontanément jaloux de détruire les abus , se sont vus près du précipice , ils veillent aujourd'hui pour leur propre sûreté ; s'ils gémissent d'avoir laissé sacrifier à la lâche cruauté de quelques hommes un roi juste et bon , ils veulent mettre à sa place celui que le sort y aurait mis à juste titre ; ils veulent implorer sa clémence et sa bonté, le prier de venir s'assoir parmi eux, et d'y rétablir, dans de justes bornes, un culte fait pour rendre heureux.

AUX FRANÇAIS,

Sur le besoin pressant de rétablir sur le trône Louis XVIII, issu de la famille des BOURBONS.

FRANÇAIS, si vous aimez la justice et la paix, employez tout ce qui est en votre pouvoir pour la trouver; depuis long-tems nous combattons à regret nos chefs et nos rois; épargnons, s'il se peut, le sang de nos frères. Que nous a fait cet ennemi qui chaque jour nous plaint et se désole? il n'est cruel que par notre résistance; qu'il soit généreux par notre bienveillance. Délivrons la France d'un tyran; que sa puissance s'écroule; nous tenons la balance en main, combattons pour abattre cet hydre, et ne reconnaissons pour ennemi que l'ennemi de notre roi, ne le laissons point jouir de sa victoire, plus tyran que les tyrans, il écrâserait ceux qui auraient servi son audace: qu'il rende à son auguste maître un compte exact de sa conduite; que celui qui doit nous gouverner le juge selon sa puissance, et qu'il fasse rentrer dans le néant cet embryon perfide.

O vous ! défenseurs de la bonne cause ! vous qu'on vient de proscrire et de livrer à la merci des soldats et aux factions dévastatrices des départemens que vous occupez, mourrez plutôt mille fois que de vivre sous un tel règne ; ce n'est plus un Bourbon que nous avons sur le trône, c'est un despote orgueilleux que le sort des armes y a placé, et que, de concert avec vous, nous culbuterons sous peu. De toute part les mécontens vous porteront leur égide, et, croissant chaque jour par la force, nous ne ferons plus qu'une seule armée, celle des braves gens ; l'espérance adoucira nos peines, et si nous avons le malheur de succomber, au moins nous mourrons pour notre religion et notre roi ; si, comme je l'espère, la juste cause fleurit, Louis XVIII, par sa sagesse, sa constance, son économie, sa conduite et sa valeur, nous fera oublier ces barbares que la terreur engendra ; nous n'aurons plus à craindre de voir périr, par charretés, d'innombrables victimes de qui on a voulu piller le bien. Nous aurons une religion, des mœurs, et nous ne serons plus vexés par ces emprunts, par ces impôts qui nous ont dévoré pendant si long-tems. Et vous malheureux émigrés à qui on a volé les trésors ! ralliez-vous à cette armée chérie, poursuivez

votre carrière : Vous avez pour vous les trois-
quarts et demi de la France, tous les braves
gens vous attendent. Volez à la victoire, et
ne cédez vos droits qu'en cédant à la mort.
Animus omnia vincit.

ESPOIR TROMPÉ.

Amis, ouvrez les yeux, réfléchissez.

DÉJA la réputation du gouvernement doux
et modéré de Bonaparte faisait naître l'espoir
dans les cœurs ulcérés ; tout le peuple s'em-
pressait à l'envie de crier *bravo*, et chacun
se disait : Nous allons donc être heureux.
Ah! comme il a trompé tout le monde ! 1.º Le
peuple qui donnait dans son panneau, ne
voyait en lui qu'un homme heureux et po-
pulaire qui, depuis long-tems, lui promettait
le bonheur ; 2.º ses compagnons d'armes qui
ne l'ont aidé dans son entreprise que pour
qu'il travaillât à mettre sur le trône le pré-
tendant à la couronne ; 3.º enfin, les rois
qui attendaient, par la déchéance du direc-
toire, une paix stable et solide. Croit-il l'endormir ce peuple toujours aveugle pour ses
propres intérêts ? Croit-il toujours se jouer
de lui, sur-tout lorsqu'il fera circuler dans
tous les journaux, et par tous les aboyeurs

de la capitale, une lettre écrite au roi d'Angleterre, et la réponse de ce monarque. Qui de vous, lecteurs, serait assez bon et si peu clairvoyant pour douter de ce stratagême; ne faut-il pas, pour se maintenir en place, qu'il se serve de ces ruses pour endormir la France ? Ne faut-il pas qu'il prouve, n'importe et comment, que son seul desir est d'avoir la paix ? N'est-il pas de son intérêt de se montrer tout-à-la-fois grand, juste et bienfaisant ? Je vous le demande à vous qui êtes dans le cas de raisonner, qui déjà connaissez l'astuce de ce traître, est-ce vouloir la paix ? est-ce chercher le repos de notre malheureuse patrie, que de déclarer une guerre à mort aux habitans de l'Ouest ? est-ce clémence ou tyrannie d'incendier nos propriétés, celles de nos frères ou de nos amis; mais revenons au soi-disant traité de paix qu'il veut faire avec le cabinet de Londres. Se croit-il déjà vraiment roi ? A-t-il l'impudence et l'amour-propre de penser qu'un monarque s'abaissera à traiter avec lui. Non, les rois, aussi grands qu'il est petit, mépriseront ce reptile et ne s'abaisseront point à lui répondre. Et vous monarque chéri d'un peuple qui vous adore; vous, mieux que tout autre, connaissez cette bête féroce qu'on nomme Révolution ; un de vos prédécesseurs immolé par un peuple dans l'erreur , les a mis à portée de connaître et ses torts et vos bienfaits. Vous leur avez montré que le rempart le plus sûr d'un État, était la justice, la clémence , la modération, et la bonne-foi. Vous leur avez prouvé que, quoique la fortune soit capricieuse et inconstante dans la guerre, vous étiez demeuré ferme et tranquille. Vos vertus vous rendent plus puissant encore ; et votre mépris pour un être semblable , est ce qu'attendent de vous les bons français , ceux qui vous aiment comme leur roi.

RÉFLEXIONS DE L'AUTEUR.

Sur le devoir des Rois.

COMME il n'est pas douteux, qu'il est même certain que Louis XVIII, en secondant nos vœux, règnera en France sous peu, permettez-moi, lecteurs que je lui offre quelques idées ; mon respect pour lui, l'indulgence que j'ose espérer de vous, me sont de sûrs garans que, si j'ai l'imprudence de les lui offrir, vous m'excuserez par le desir seul que j'ai qu'il soit heureux et qu'il fasse notre bonheur. J'entre en matière :

Un roi, quoique père de famille, ne peut individuellement commander à tout un peuple ; il faut qu'il donne sa confiance à des hommes probes, vertueux sur-tout, et qu'il proscrive de son royaume tout homme corrompu et pervers ; il faut qu'il sache, à propos, récompenser la bravoure, les bienfaits et les talens.

Il ne lui suffit pas d'aimer son peuple, il faut qu'il s'en fasse chérir. C'est de cet amour que dépend le fondement de son État ; sans une solidité pareille, la France serait bientôt en désordre, *mémento homo.*

Choisir des magistrats vertueux et intègres, sans cela mauvaise administration, abus dans les autorités subalternes, manque dans les finances, insouciance totale, écroulement de la machine ; ah ! il ne nous en souvient que trop, et c'est par cette déchéance graduelle que, depuis dix ans, nous éprouvons tant de maux ; *déficit*, molesse dans les gouvernans, insouciance dans les gouvernés, c'est de-là que, petit à petit, l'État se dissout. Tâchons mutuellement de le rendre stable et solide, et que nos faiblesses passées soient pour nous et nos héritiers le stigmate de l'avenir.

Animer la vertu, récompenser la droiture et la fidélité, faire jouir d'une paix tranquille les ames honnêtes, relever le courage des opprimés, calmer les dissentions, punir sévèrement le crime ; voilà ce qui fera prospérer cette France depuis si long-temps déchirée par des lâches, des intrigans ; je dis, plus des tygres affamés de sang et de carnage. Les boucheries de Robespierre, les journées à jamais exécrées du Dix août, des Deux et Trois septembre, du Treize vendémiaire, sans oublier celle du Dix-huit fructidor, ne nous laissent que des traces trop pénibles et trop affreuses à parcourir.

N'est-ce pas la divinité, n'est-ce pas Dieu

ce même Dieu , que depuis si long-tems on outrage , qui a placé les rois sur la terre pour gouverner les peuples ? Ne sont-ils pas , sur cette terre , les ministres de ce même Etre que nous adorons ? Oui, il les y a placés pour gouverner avec douceur ; mais aussi pour épouvanter le crime et pour le détruire. Il ne faut pas que celui qui gouverne fasse du bien seulement pendant son règne , il faut qu'il s'attache encore à ce que la postérité puisse faire son éloge ; il ne suffit pas qu'un architecte pose des fondemens superficiels, il faut , s'il se peut, qu'ils prennent racine : voilà, je crois, un raisonnement juste puissiez-vous le trouver bon et en profiter.

Si un roi ne consulte pas dans toutes ses actions la justice et la vérité, ses courtisans , ses premiers ministres , toujours jaloux de le flatter , négligeront peu à peu de faire exécuter les lois ; petit à petit l'harmonie, la vérité , la justice s'éloigneront de la cour; tous abandonneront leurs devoirs , les gouvernés ne suivront plus que leurs caprices et chacun se conduira suivant sa tête et son penchant ; trop heureuse la France , si elle ne retombe pas dans un dépérissement qui nous conduirait à une perte inévitable. Ne savons nous pas que pour former un cercle parfait nous avons besoin d'un compas, de même qu'à l'homme qui veut exactemeut remplir ses devoirs, il faut qu'il ait profondément gravé dans sa mémoire que l'humanité et la justice sont les premiers élémens de la vertu.

N'est-il pas affreux qu'un vil intrigant veuille s'ériger en maître, lorsque lui-même mériterait si bien d'être gouverné. Loin de chercher à s'attirer l'estime de toute la France et même des puissances étrangères, loin de conserver cette estime que ses succès militaires lui avaient attirés, il préfère les richesses et les grandeurs; tout en lui n'est que passions; il voit tous ses semblables au-dessous de lui : mais hélas ! qu'il raisonne peu pour ses propres intérêts. Ce n'est pas tout que de commencer un ouvrage, il faut le finir.

Mais, me direz-vous, il est si haut perché qu'il en impose ; la massue à la main, il nous commande et nous force à l'obéissance : hé bien, prenez contenance, ne fléchissez point sous ses ordres, refusez de les exécuter ; je dis plus, regardez-le en face, il n'osera vous fixer : le crime chancelle toujours devant la vertu. Le vrai moyen de l'abbatre, est de lui prouver combien sa grandeur est petite ; d'ailleurs, pourquoi toute la France a-t-elle courbé sa

têtesous le couteau de Robespierre, c'est parce
que tous ses habitans ont été des lâches et des
craintifs ; reportez-vous à ces tems de peines et
de douleurs, et votre courage sortira de cet en-
gourdissement, qui, à mes yeux, devient con-
damnable ; dans ces tems affreux que ma plu-
me refuse de rappeler, nous avions dans chaque département des commissaires de la mort,
nous avions dans chaque ville des monstres
qui n'existent plus ; maintenant que toute
la France n'a qu'un homme à combattre,
elle n'en viendrait pas à bout, loin de moi
cette idée, elle me ferait regretter de n'être
pas né dans tout autre royaume. Et vous, n'en
doutez pas, la mort est agréable lorsqu'on
vit sous une domination tyrannique. Heureux
les peuples qui, gouvernés par un roi juste et
bon, jouissent du bonheur de lui plaire ; il
remplit à leur égard la tâche qu'ils trouve-
raient odieuse, si mutuellement ils ne s'em-
pressaient de s'entr'aider, l'un par sa clémence
et sa bonté, les autres par leurs devoirs et leur
reconnaissance.

Il est révoltant ce me semble que dans une
pénurie pareille, que dans le moment où la
France est entièrement épuisée, on bâtisse
un palais pour cet homme, sur-tout d'après
les dépenses excessives qu'on vient de faire

au Luxembourg ; lui qui, à le croire, n'a pris les rênes du gouvernement, que pour épargner, que pour mettre de l'ordre dans les finances ; lui qui, s'il vous en rappelle, le jour de son entrée triomphante au conseil, a dit *qu'il emploierait sa fortune à faire le bonheur du peuple.* Eh mais vraiment ! il commence à merveille, et nous ne devons pas nous en étonner ! les trois gouvernemens passés ne nous ont-ils pas promis le bonheur, la paix : eh bien, il fait de même ; ils ont voulu notre bien, ils l'ont pris ; il nous le prendra comme ses prédécesseurs. Est-ce là les promesses qu'il a faites aux malheureux rentiers ? Est-ce là l'abondance qu'il ramène ? Ah ! n'en doutez pas, l'ambition est dans son cœur, elle ne s'éteindra qu'avec lui-même. Pauvres soldats ! cela ne vous donnera ni habits, ni souliers ; vous vous battriez encore vingt ans, qu'au bout de ce tems-là vous vous demanderiez toujours, qu'avons-nous fait ? pourquoi avons-nous exposé nos vies, nos corps et nos santés. Réfléchissez à mes gros mots, à mon raisonnement ; que ne puis-je vous le faire envisager aussi pertinemment que je le sens ; alors vous connaîtriez vos ennemis, et, tournant vos armes contre eux, vous les terrasseriez, en bénissant la main qui vous fait agir. Puisse mon sentiment et mes raisons vous faire tomber au vrai but, c'est la seule récompense que j'exige de vous ; puissiez-vous les apprécier comme moi, comme tant d'autres qui connaissent leur trempe et leurs actions , *vide et crede.*

Je sais que j'ai des torts , de grands torts, de dire des vérités dures ; mais il aura plus grand tort de ne vouloir pas les supporter ; je n'ignore pas que je m'expose à sa vengeance ; mais que me fera-t-il ? il me proscrira , il me déportera ; n'importe , ma consolation est dans mon cœur, et je serai, dans tous les cas, plus heureux que mon juge ; je n'aurai à me reprocher que d'avoir dit la vérité, si toute fois je puis me reprocher quelque chose ; il aura le remord d'avoir condamné un homme probe et vertueux; mon seul défaut est d'avoir trop de langue , dira-t-il ; le sien est d'être trop tyran. Il m'attribuera de mauvaises intention, eh ! que m'importe, si je n'ai que celle de servir mon pays ? il me trouvera coupable, pour quoi m'affligerai-je si je suis innocent ; l'opinion d'un monstre pareil ne me dépouillera jamais de ma vertu. D'ailleurs , comment depuis la révolution peut-on jouir de la vie ? En repassant ces dix années où je n'ai fait que souffrir, il me semble que c'est un songe sinistre qui m'a poussé de mal en pire , et qui m'a laissé dans un état de langueur dont j'aurai trop de peine à sortir ; plus , rien ne m'effraie , je m'attends à tout.

Mais vous, vous qui me lirez , je vous prends à témoin , et si j'emporte votre estime, je serai plus heureux que celui qui , chaque jour , méritera votre mépris ; ce qui d'ailleurs doit vous faire plaisir , c'est que je ne le crains pas, je n'ai pas peur de lui , la vertu a toujours su intimider le crime. Il ne s'exposera pas à la recherche , et je vous promets, si je vous fais plaisir, de vous donner une petite collection de sa conduite journalière. Puissé-je vous dire assez de vérité pour remuer un peu le sang qui coule dans vos veines.

Comme il ne serait pas juste de vous tenir toujours dans la même tristesse, je vais vous égayer par une petite chanson.

A I R : *La Comédie est un miroir.*

C O M M E N T faire pour contenter,
Royalistes, votre caprice ?
Ne voyez-vous pas remonter
Le trône où doit siéger le vice.
Réjouissez-vous donc enfin,
Comptez bien tous sur sa puissance,
Jamais un pareil Souverain
On n'aura vu régner en France,　　　　(bis.)

Déjà les arts et les métiers
Refleurissent et le commerce ;
On paie en blanc tous les rentiers ;
Qu'est heureuse l'humaine espèce !
Aucun prince dans l'Univers,
Dieu le sait, ne fut plus sublime ;
Peuple Français, vis sous les fers
D'un roi qui n'est pas légitime.　　　　(bis.)

Victime de ce nouveau roi,
De Bonaparte-double-face,
Ah ! si vous pensiez comme moi,
Il changerait bientôt de place.
Si vous voulez un roi, Français,
Prenez un BOURBON, non un traître ;
Parmi les soutiens des forfaits
Vous ne devez choisir un maître.　　　　(bis.)

Mais pourquoi, partisans des rois,
Vous seuls amis de la Patrie,
Laissez-vous usurper les droits
De la Maison la plus chérie ?
Otez de vos yeux pour toujours
Certain volume de poussière,
Et vous reverrez les beaux jours
Paraître dans la France entière.　　(bis.)

Toi, qui fis trembler les tyrans,
Bonaparte, par ta vaillance,
Du rang des plus grands conquérans
Tu sors pour être roi de France.
Penses-tu que l'on puisse voir
D'un œil tranquille ta conduite !
Tu fus blanc, aujourd'hui très-noir :
Que deviendras-tu par la suite ?

Convenons que la vie de l'homme est un voyage dont il faut franchir le chemin tel raboteux qu'il soit ; s'il est dangereux, étroit difficile, il faut espérer qu'il deviendra par la suite plus agréable ; avec du courage on vient à bout des choses, avec l'union des braves gens, nous en sortirons glorieux et triomphans. Rallions-nous autour de la couronne, mettons notre confiance dans l'avenir, et succombons plutôt que de ne pas réussir.

A vaincre sans péril, on triomphe sans gloire.

Déchirons, s'il se peut, ce voile impéné-trable, et prouvons à tous les braves gens, que, non satisfaits de les éclairer, nous voulons encore les conduire au précipice que ces scélérats leur préparent. Examinons le bien qu'ils ont dit vouloir faire, le mal qu'ils nous ont fait, celui qui nous attend, si, toujours en égoïstes, toujours en insoucians, nous les laissons parvenir à leur but.

Il ne s'agit plus de tergiverser, c'est de trouver les vrais principes de la politique, c'est de les chercher dans les rapports qui lient le souverain au sujet, le citoyen avec ses concitoyens; enfin, l'homme avec son semblable. Ce n'est qu'en recueillant avec soin toutes ces maximes que nous pourrons parvenir à trouver le vrai systême de nos malheurs; comme nous avons une longue séries d'expériences à leur donner, il ne nous sera pas difficile de leur en prouver les causes. Ainsi l'objet de notre ouvrage doit se résumer à trouver le fil de nos maux, et de le couper s'il nous est possible. Un raisonnement simple, juste et vrai, nous mettra à même de prouver ce que nous avançons.

Quel est l'homme qui depuis la révolution, tel enthousiaste qu'il fût de cette prétendue liberté, pourra me prouver qu'il n'a pas souffert? Depuis notre soi-disant sainte insurrec-

tion, existe-t-il un seul homme (et je regarde
la majorité comme égoïste), qui n'ait sacrifié ou son bien, ou sa vie, pour défendre qui,
ah ! je vous le demande, êtes vous plus avancés
que vous ne l'êtiez en 1789, non sans doute,
vous avez perdu vos parens, vos amis; vous,
vous vous êtes dépouillé de vos biens, et
souffrez sans murmure, vous êtes réduit à
tendre votre bras pour demander du secours,
vous êtes sans ouvrage, vous êtes sans ressource,
et que vous reste-t-il pour toute consolation,
des remords, mais est-il tems d'en avoir; oui,
celui qui a tout sacrifié, qui n'a que la mort
pour espoir, doit, avant de se la donner,
chercher tous les moyens de l'éloigner de sa
pensée.

Égarés et sans expérience, en 1789, nous
fûmes, à ce que disent les scélérats, nous
fûmes grands et magnanimes; peu satisfaits
de notre sort, nous en desirions un meilleur,
qu'avons-nous trouvé pour alternative, beaucoup ont trouvé la mort, beaucoup ont trouvé
la misère. Éloignons, s'il se peut, ses longues
années de souffrance, rendons nous libres et
heureux. Cette liberté que nous possédions
avant celle qu'on nous avait promise, avait,
ce me semble, plus de charmes, l'honnête
homme jouissait en paix du fruit de ses tra-

vaux, l'artisan habile et honnête élevait sa famille dans une douce sécurité, et chacun, sans crainte et sans envie, jouissait du bonheur qu'il savait se procurer ; mais ce n'est plus de même, épuisés par cette longue suite de sacrifices, personne ne peut se trouver heureux ; personne, excepté ceux qui se sont appropriés le bien de leurs victimes, ne jouit d'un bonheur parfait, si toutefois il est possible qu'un scélérat jouisse de ses crimes.

Pour en venir à ce but, examinons s'il n'est pas plus facile de suivre mes conseils, puissent-ils être accueillis favorablement, puissent les français revenir à cette paix profonde dont ils jouissaient avant la révolution ; ma seule récompense, le profit que je veux en avoir, c'est de leur avoir procuré le bonheur, c'est de les voir heureux : qu'ils soient surtout bien convaincus que cette maxime est profondément gravé dans mon cœur, que *quiconque ne vit que pour soi est indigne de vivre.*

E

UN MOT

Sur la suppression des Journaux.

APRÈS avoir sacrifié sa fortune, après avoir constamment servi son pays, peut-on se douter que ceux mêmes qui sont le plus attachés au gouvernement, se verront un jour réduits à médire, malgré eux, de l'institution nouvelle. Veut-on mécontenter tout le monde, et veut-on forcer l'homme tranquille de **se** rendre irrascible en le forçant de sortir des bornes.

Celui qui depuis la révolution s'est constamment acharné à ne parler qu'en sa faveur ; celui qui, tout au contraire, a voulu servir un parti quelconque, se voit de même englobé dans cette liste fatale, pareille à celle du dix-huit fructidor : elle enchaîna et la liberté de la presse, et les auteurs estimés, et ceux même qui, pour mériter les faveurs des hommes en place, ne savaient écrire que pour les flatter ou pour soutenir leurs vices et leurs passions.

Faut-il que cette liberté qui est le garant des droits qu'ils veulent maintenir, soit avilie par ceux mêmes qui n'ont que ce mot dans la bouche. Pensent-ils par-là échapper à la vengeance du peuple, et croyent-ils qu'il n'existe pas des hommes assez courageux pour les dévoiler aux yeux de tout un peuple indigné.

Ah! ne le croyez pas, nouveaux échafaudés, ceux qui, sous le triumvirat ont bravé leurs coups, sauront, jusqu'au dernier moment, vous toiser et vous faire connaître; c'est par cet acte tyrannique, c'est par cette spoliation de propriétés, que, vous mettant à dos toutes les plumes énergiques, vous serez passés à cet alambyque qui ne laissera rien à desirer au curieux, à celui que son intérêt commande de vous connaître.

Si c'est par de tels principes, si vous agissez de la sorte pour rendre le peuple heureux, que vous diront les huit mille personnes que vous sacrifiez dans ce moment, et que vous réduisez à la misère. Croyez-vous vous rendre insolvables du mal que vous faites, et ne voyez-vous pas que, faisant chaque jour des mécontens, vous avancez l'arrêt de votre mort; mais nous ne pouvons en douter, celui qui le premier sacrifia à sa vengeance des hommes probes et éclairés, dans cette belle journée du 18, reste impuni, il jouit impunément de ses rapines et de ses brigandages. Imitateur fidèle de ses exemples, tu crois par-là couper le sifflet aux hommes énergiques, ne le penses pas ; c'est alors que, les forçant à revirer de bord, ils feront connaître à toute la France tes principes. Eh vraiment ! je t'en sais gré, tu ne pouvais mieux t'adresser qu'à cette classe d'hommes qui sauront t'apprécier et te dire des vérités dures ; mais qu'importe, ils te jugeront, et pouront à profit éclairer le peuple sur ta conduite.

Que diront dix mille ouvriers que tu réduis encore à la besace ; est-ce fait pour faire admirer ton culte ? Crois-tu être heureux en faisant chaque jour des victimes ? Celui qui depuis vingt-cinq ou trente ans nourrit sa famille de l'état que ses pères lui ont donné, se voit dans ce moment réduit à travailler à la terre ; heureux encore s'il trouve de l'ouvrage ! Quel est l'homme qui eût pu croire que tu aurais aboli le premier des arts ; je dis aboli, car il existe dans la réduction que tu viens de faire, il existe dans cet acte tyrannique, la destruction de dix mille ames.

Au lieu d'encourager la presse, au lieu de maintenir le premier des arts,

. . . . Cet art ingénieux
De peindre la parole et de parler aux yeux.

tu viens de le sacrifier à ta vaine passion, et tu crois par-là fermer la bouche à cette

classe d'hommes éclairés qui t'ont toujours
en vue, ne le crois pas, les quatorze journaux que tu paye prêcheront ta louange, et
se garderont bien de te déplaire; mais aussi
ceux que tu force à publier tes crimes,
sauront en instruire toute la France et ne te
perdront pas de l'œil.

Hommes sages et éclairés votre tâche n'en
est que plus méritoire quoique plus difficile;
le devoir de la société, votre devoir particulier vous commande impérieusement d'éclairer
la France sur ses propres intérêts; rappelez-
vous que vous devez à la patrie vos vertus et
vos talens, et que vous vous êtes rendus res-
ponsables du mal que vous pouvez empêcher
en instruisant vos semblables; vous vous devez à vous-mêmes, en respectant fidèlement
les sermens que vous avez faits de ne trahir
jamais votre conscience.

Que nulle crainte ne vous arrête, il est
plus glorieux de souffrir en faisant le bien,
que de se miner et se détruire en supportant,
de son plein gré, le mal que les méchans
nous préparent. Les braves gens, la France
entière vous jugeront, et vous seriez crimi-
nels à ses yeux, si vous ne vous efforciez,
par tout ce qui est en votre pouvoir de dé-
tourner de sur elle la tempête qui se grossit
à chaque instant.

CONCLUSION.

PRINCIPES A SUIVRE.

Là où repose la vertu, c'est-là le but où doit aspirer l'homme vraiment sage, il ne doit pas s'arrêter sans qu'il soit venu à bout de l'atteindre. Fuir les honneurs, jouir d'une médiocre obscurité, cet effort ne convient pas à tous les êtres, il en est peu d'assez privilégiés par la nature pour savoir s'y maintenir : nous en voyons des preuves.

Il ne manque pas d'intrigans qui, poursuivant je ne sais quelles vertus extraordinaires et secrettes, franchissent les justes limites du bien. Amoureux d'une vaine célébrité, ils cherchent à ne faire que des choses prodigieuses. Ne serait-il pas à-propos que chacun se contentât de s'élever aussi haut que son rang pourrait l'appeler, mais non au-delà. Ces prétendus sages dont l'orgueil affecte tout ce qui s'éloigne des usages communs et ordinaires, embrassent trop souvent avec témérité ce qui est au-dessus de leurs forces ; ce n'est que pour s'arrêter à mi-côte qu'ils entrent dans le sentier de la vertu.

Il est une règle générale pour tous les hommes, c'est de ne s'éloigner jamais de la raison. Il existe des rapports vraisemblables et mêmes notoires entre le gouvernant et le gouverné ; de même qu'un fils doit respecter son père, le père doit avoir des égards pour son fils ; et sans cette réciprocité de devoirs, peut-on vivre parfaitement heureux ? Combien de regrets et de remords ne devrions-nous pas avoir, en songeant à la malheureuse destinée de Louis XVI ; trop crédule et trop bon, il se défiait même de sa prudence, et s'appuyait, pour gouverner la France entière, sur la sagesse et les lumières de ses ministres. Il préférait de prendre des avis, même sur les choses ordinaires, dans la crainte de ne pas bien gouverner son peuple ; si leurs avis ne lui paraissaient pas conformes à la raison, il ne les suivait pas ; mais malheureusement entouré de gens ambitieux, il faisait le mal en voulant opérer le bien.

Quelle différence à présent, Bonaparte I.er fort de ses lumières et de lui-même, commande lui seul toute cette grande nation que Henri IV avait peine de gouverner ; mais hélas ! quelles en seront les suites ! Aussi funestes pour lui que pour nous, nous serons ses victimes, le tems fera la sienne de sa personne. Tyran ! donne le premier l'exemple de la droiture, de l'humanité et de l'honnê- teté, toutes les ames suivront tes traces.

Et vous Français ! dès que vous serez parfaitement sûr du but auquel vous devez tendre, ne vous en écartez jamais. Fixé pour toujours vers le bien, vous serez fermes et tranquilles; l'infortune ne pourra vous abattre, le bonheur ne vous éblouira point ; lorsque vous serez parvenus à avoir parmi vous celui que vous devez regarder comme votre roi, ses vertus seront respectées, vous imiterez sa conduite, vous chérirez sa personne; il vous conseillera, vous l'écouterez ; il vous commandera, vous obéirez.

Pour bien discipliner une grande nation, il faut commencer par se régler soi-même; il faut trouver dans son propre cœur le modèle qu'on se propose de faire suivre : commence donc, ô Bonaparte ! par dompter et modérer les affections qui te détournent de la vraie route, et qui t'entraînent au vice. L'union d'esprit et de vertu entre toi et le peuple rendrait facile l'administration de la France ; mais qui, si ce n'est tes flatteurs, obéiront à tes ordres ; qui, si ce n'est ceux que tu forcera, la baïonnette en main, te reconnaîtront pour leur monarque. Ah! ne le penses pas, ceux qui dans ce moment paraissent le plus te servir, creusent chaque jour ta tombe, et se seront eux qui, les premiers, t'y feront descendre. Accompagnés des trois vertus qui les poussent et qui les font agir, ils se serviront de la *Prudence* pour discerner le bien que tu peux faire, le mal que tu as fait; de l'*Amour de leur pays* pour éclairer les incrédules sur ta conduite; du *Courage* pour avoir la force de te fixer et de t'abattre.

Homme ambitieux et vain, peux-tu tenir ce que tu as promis à toute la France? tes actions sont elles pures? peux-tu te passer facilement de rechercher tes aises dans cette molesse qu'on te prépare jour et nuit au château des Tuileries? penses-tu par-là venir au secours des indigens en dépensant des millions pour te loger? est-ce ainsi que tu commences, et crois-tu que tes premiers pas ne nous annoncent pas des suites désagréables?

Pourrais-tu gouverner ton peuple par ta seule vertu? pourrait-il en toi en comtempler le modèle? saurais-tu gouverner chaque particulier par les devoirs qui lui seraient propres ? saurais-tu unir tes sujets les uns avec les autres ? Non, un père de famille qui ne présente point à ses enfans les titres de ses vertus, les rend inaccessibles au bien, on les voit bientôt devenir des mauvais sujets et des libertins.

CHANSONS.

SUR LA SUPPRESSION DES JOURNAUX.

A I R : *Femmes, voulez-vous éprouver.*

De nouveau le peuple Français
On ne pourra sur rien instruire ;
Nos rois veulent que désormais
Tout soit muet, c'est beaucoup dire.
Hommes vertueux et savans,
Si vous écrivez, la colère
De nos féroces gouvernans
Vous éprouverez sans mystère.　　　(bis.)

Du tems de nos cinq directeurs,
Illustres en scélératesse,
Moins qu'aujourd'hui bien des auteurs
On détruisit avec bassesse ;
Les talens furent engloutis,
Maintenant, par un vil systême,
On veut conduire les esprits........
Faire adorer ce que l'on n'aime.　　　(bis.)

Dans le néant les écrivains
On plonge, ainsi que les sciences ;
Cessant d'être républicains,
De quoi servent les connaissances ?
Tous les peuples doivent savoir
Que les rois seuls peuvent apprendre
Ce que l'on nomme le devoir.......
Bien des gens ne veulent l'entendre.　　　(bis.)

Des nouvelles on parlera,
On conçoit de quelle manière :
Le peuple les écoutera,
Aisément cela peut se faire.
Mais en dépit de nos tyrans,
De leurs suppôts, infâme clique,
On connaîtra les intrigans,
Les *soutiens* de la république.   (bis.)

SUR LES HOMMES EN PLACE.

A i r : *Pour la Baronne.*

J a d i s les hommes
Étaient humains et non méchans ;
Hélas ! dans le siècle où nous sommes,
Ce n'est plus que des intrigans :
      Voyez les hommes.

Jadis en France
On pouvait vivre très-heureux ;
A présent quelle différence !
Tout le peuple est très-malheureux :
      Voyez la France.

Jadis en place
On voyait des hommes de bien.
Comme tout a changé de face,
Le déplacé dit : (il fait bien),
      Voyez ma place.

Jadis sans risque
On parlait très-ouvertement ;
Nous ne pouvons le faire puisque
On nous le défend maintenant :
Voyez le risque.

Jadis le crime
On ne voyait pas impuni ;
Mais dans ce superbe régime,
On le protége à l'infini :
Voyez le crime.

Jadis la France
Était gouverné sagement ;
Tout y était en abondance,
Et l'ouvrier vivait content :
La pauvre France !

RÉSUMÉ GÉNÉRAL.

FRANÇAIS,

Vous étiez loin de prévoir une catastrophe pareille ; vous ne songiez guères il y a trois mois de nourrir dans votre sein un roi nouveau ; il a fallu cette expérience pour vous en convaincre.

Délibérerez-vous encore, et vous exposerez-vous à de nouveaux dangers; puisque vous avez été assez lâches pour assassiner Louis XVI, ne serez-vous pas assez courageux pour abattre un tyran , un roi qui n'est pas légitime. Écoutez, du fond de son tombeau, les plaintes de cette malheureuse victime et frémissez.

Parisiens , quels sont mes torts envers vous ? Qu'aviez-vous à me reprocher lorsque j'étais votre roi ? N'est-ce pas trop de bontés , de clémence et de bienfaisance qui sont la cause que vous vous êtes abreuvés de mon sang ? Avez-vous, comme à vos nouveaux maîtres , à me reprocher d'avoir sacrifié à ma passion une seule victime ? Quel est l'homme dans mon royaume qui pût se plaindre de moi ? En existe-t-il un seul qui fût surchargé d'impôts, et qui ne fût pas traité selon sa fortune et ses facultés ? le rentier n'était-il pas payé ? le commerce ne florissait-il pas ? l'ouvrier n'était-il pas occupé ? enfin, toutes les branches du commerce français n'étaient-elles pas dans la plus grande activité ? Vous étiez assuré de votre existence et de celles de vos familles. Maintenant, qu'avez-vous en partage, la crainte, sans espérance ; la misère, sans soulagement ; le desir, sans exécution. Que vous reste-t-il pour ressources ? la détresse, l'ennui, la mort ; et quelle mort ! celle qui n'est accordée qu'aux coupables, c'est de souffrir long-tems avant de l'obtenir.

Vous m'avez sacrifié à votre fureur, vous avez voulu être libres : dites-moi, quelle est votre liberté ? est-ce de ne pouvoir ni dire, ni agir que selon les vœux de votre nouveau roi ? est-ce de manquer de tout, sans pouvoir vous plaindre ? Ah ! sans doute vous le méritez ce sort qui vous poursuit, et vous ne pouvez expier votre ingratitude à mon égard, qu'en souffrant tous les maux qu'on vous prépare. Écoutez néanmoins les conseils de mon ombre, ne les repoussez point ; au contraire, respec-tez-les, suivez-les ; sans cela, vous, votre postérité, et les siècles futurs seront dans la plus grande misère.

Etes-vous parfaitement convaincu que ce n'est qu'un BOURBON qui puisse vous rendre heureux ? l'expérience vous en a t-elle donné des preuves assez frappantes ? Renversez cet hydre encore sanglant, qui, d'un élan révolutionnaire, vient de se placer à votre tête pour finir de vous détruire ; armez vos bras de cette foudre vengeresse dont vous vous êtes servis pour écraser ce reptile fangeux, qui, avant le 9 thermidor, ensanglantait toute la France ; ralliez-vous d'un commun accord, et que votre seul intérêt soit la cause de votre bonheur.

Parvenus enfin à la destruction de tous ces sycophantes, vous rappellerez dans votre sein ce digne héritier de la couronne, celui qui mettra toute sa gloire à vous rendre heureux ; alors vous vous efforcerez de tout votre pouvoir d'éloigner de votre idée et vos torts et vos malheurs. Forts de votre expérience, vous ne souffrirez plus de crimes, vous étoufferez tous les innovateurs, et vous redeviendrez Français; vous exercerez votre religion, en respectant ses ministres, et vous adorerez ce Dieu que vous avez tant outragé. Puisse-t-il pardonner vos erreurs, et puissiez-vous trouver en lui l'appui dont vous avez besoin.

F I N.